AF203010

SYLC 369 Matrix
im Lichte von

freiHEIT

Erfahrung

Achtsamkeit

BEWUSST SEIN

Erkenntnis - Gewinn

bedingungsloser Liebe

&   *Selbst - Bestimmung*

Wort - Bedeutung :

S Y L C = see your life create

zu deutsch : siehe dein Leben entstehen

Dieses Buch ist all jenen gewidmet,

die sich bereits auf dem Weg
der „Mensch-Werdung"

befinden

&

es demzufolge verstehen,

was die ausschlaggebenden Unterschiede zwischen : der eigenen

PERSON, der PERSÖNLICHKEIT

&

dem **Menschen**

sind

&

für sich

klar erkannt haben

wie dieses kostbare WISSEN

tagtäglich & rechtschaffend

anzuwenden ist.

.

SYLC 369 MATRIX

Der

WERTE - Kompass

Version : XS

DADAL

Grundsatzerklärung :

Der Autor respektiert alle Menschen, Religionen & Kulturen und lehnt daher jede rassistische Voreingenommenheit und Propaganda ab – völlig gleichgültig ob diese politischer -, konfessioneller - oder ideologischer Natur sein sollten.

Zudem lehnt der Autor jede Verantwortung gegenüber Missverständnissen bzw. Anklagen ab, die aus einer oberflächlichen -, unvollständigen - und / oder voreingenommenen Betrachtungsweise dieses Schriftstücks, eventuell entstehen könnten.

 **tredition**

© 2024 DADAL
Umschlag, Grafikdesign : DADAL
2. Auflage Februar 2025

Druck und Distribution im Auftrag des Autors : DADAL
tredition GmbH, Heinz-Beusen-Stieg 5, 22926 Ahrensburg, Deutschland

ISBN / Version : XS

Paperback   978-3-384-31065-1
Hardcover   978-3-384-31066-8

Dieses Werk einschließlich seiner Teile, ist urheberrechtlich geschützt. Für die Inhalte ist der Autor verantwortlich. Ausnahmslos jede Verwertung ist ohne seine Zustimmung unzulässig und strafbar.

Die Publikation und Verbreitung erfolgen im Auftrag des Autors, zu erreichen unter: tredition GmbH, Abteilung „Impressunsservice", Heinz-Beusen-Stieg 5, 22926 Ahrensburg, Deutschland.

Inhalt :

All jene Kapitel – deren <u>Seiten-Zahl</u> im nachfolgenden Inhaltsverzeichnis mit angegebenen ist, stehen dem Leser <u>in dieser Version der</u> **SYLC 369 MATRIX** aktuell zur Verfügung.

16 Definitionen : WERTE & lebenswertE

0   Einleitung

Zeichenerklärung :

u/o = und / oder

LEITFADEN :

Dieses Buch bzw. dieser WERTE - Kompass, ist „an & für" sich so aufgebaut wie das Leben selbst. In welchem es ja oftmals so ist, dass sich der Mensch ein bestimmtes <u>Wissen zuerst einmal erarbeiten</u> muss, damit er ein anderes Wissen und eine damit einhergehende Wahrheit, auch „richtig" verstehen kann.

Aufgrund dieser individuellen Wahrnehmung, <u>dass es im Leben grundsätzlich mehrere Ebenen der Wahrheit zu geben scheint</u>, wurden in dieses Werk – natürlich mehrere Ebenen der Wahrheit mit eingearbeitet. Was für den interessierten Leser ganz klar und deutlich daran zu erkennen ist, dass es <u>unterschiedliche „Versionen" des WERTE - Kompasses</u> gibt.

Zudem erfolgt an dieser Stelle der wertvolle **Hinweis**, dass : bei längeren und eventuell doch sehr ineinander verschachtelten Satz-Gebilden, für den Leser dennoch die Möglichkeit besteht – solche Textstellen zügiger durch-lesen … zu können.

WELT der Punkte / Zeichen-Erklärung

Und zwar – mit Hilfe der sogenannten „**3-Punkte-Anker**" … die sich innerhalb eines Satzes, gegebenenfalls 2x in der Mitte befinden … anhand derer – ein jeder Leser den Mittelteil eben einfach überspringen kann (= <u>Anker-zu-Anker-Sprung</u>). Falls dieser an jenem Kontext bzw. weiteren Zusammenhängen nicht sonderlich groß interessiert sein sollte. Wie es für den aufmerksamen Leser, an dem gerade beschriebenen Beispiel, ja recht gut zu erkennen sein dürfte.

… ebenso könnten die „3-Punkte", direkt am Anfang eines Satzes erscheinen. Was lediglich soviel zu bedeuten hat, dass das aktuell zu erläuternde Thema im nachfolgenden Absatz weiter ausgeführt wird.

… oder die „3-Punkte" sind für den Leser am Ende eines Satzes zu finden, durch welches Vorgehen – gerade dieses „Satzende" eben nochmals hervor gehoben oder in Frage gestellt, werden … soll ?

Die verschiedenen Versionen des WERTE-KOMPASSES

Nachfolgend erhält ein jeder Leser eine detaillierte Auflistung, aller Versionen des WERTE - Kompasses inklusive deren Kapitel-Inhalte :

- Version : **XXS** - Kapitel : <u>**4**</u> = **SYLC 369 Matrix / Grafik**

- Version : **XS** - Kapitel : 4, <u>**5, 17, 666, 999, 1001, 1003**</u>
  <u>**1005**</u>

- Version : **S** - Kapitel : <u>**1, 2, 3**</u>, 4, 5, <u>**6, 7, 8, 9, 10, 14**</u>, 17,
  666, 999, 1001, 1003, 1005

- Version : **M** - Kapitel : 1, 2, 3, 4, 5, 6, 7, 8, 9, 10, 14, <u>**16,**</u>
  17, 666, 999, 1001, 1003, 1005

- Version : **L** - Kapitel : 1, 2, 3, 4, 5, 6, 7, 8, 9, 10, <u>**42, 13**</u>,
  14, <u>**15**</u>, 16, 17, 666, 999, 1001,
  1003, 1005

- Version : **XL** - Kompilation, sprich : **diverse 11. Kapitel,**
  inklusive der Version **M**

- Version : **NEU** - alle **weiteren Versionen** : aller Voraussicht
  nach werden diese den Titel des 11. Kapitels
  tragen und die Version **S** beinhalten

Grundsätzlich verfügen <u>alle Versionen der „**SYLC 369 Matrix**"</u> über dasselbe <u>Inhaltsverzeichnis</u>, einerseits – damit sich der Leser, hieran besser orientieren kann und nicht zuletzt, um überaus interessierten Menschen-Kindern bereits etwas tiefere Einblicke zu ermöglichen, zumindest – in den inhaltlichen Aufbau dieses „**WERTE - Kompasses**".

Wichtiger HINWEIS

All jene in der vorliegenden Auflistung „**fett-schwarz**" <u>gekennzeichneten</u> und zudem <u>unterstrichenen</u> Kapitel-Nummern, wurden im direkten Vergleich zur vorherigen Version : in der gerade zu beschreibenden Version ganz „NEU" hinzu gefügt bzw. ergänzt.

... manche in den **Versionen XS + S + M** angegebenen Kapitel, werden allerdings absichtlich noch nicht „ganz vollständig" abgebildet, sondern – finden erst auf dem Weg zur **Version L** zu ihrer „ultimativen" Vollständigkeit. Diese geringfügigen Eingriffe – sind für den Leser entweder durch eine Markierung im Text und natürlich anhand der Seitenzahlen eines Kapitel, im Inhaltsverzeichnis klar & deutlich zu erkennen.

Denn – wie es sich auf Basis ganz bestimmter Erfahrungen des Autors, immer wieder „neu" heraus kristallisiert hat bzw. bestätigen sollte, ist es leider nun Mal so – dass sich einige Menschen-Typen von „zu vielen" Informationen, schneller „überfordert" fühlen – als ursprünglich angenommen.

... vermutlich aufgrund einer eher „begrenzten" Aufmerksamkeits-Spanne, neigen jene nämlich öfter dazu .... ausnahmslos jedes Buch, irgendwann lieber wieder in die Ecke zurück zu stellen – als ... dass sie sich in einem Moment der individuellen „Ruhe" oder „geistigen Überforderung", in „geistig-mentaler" Hinsicht dann sogar noch weiter anstrengen ... wollten.

... weil : ja nicht unbedingt jeder Leser, den Anspruch in sich trägt bzw. grundsätzlich daran interessiert ist, JETZT oder überhaupt alle in einem Werk präsentierten Informationen – tatsächlich ... „studieren" zu wollen.

So – hat sich der Autor letzten Endes halt einfach dazu entschlossen, dieses ja doch etwas umfangreichere - & komplexe Wissen, der „WELT" lieber „portionsweise" anbieten zu wollen.

außerdem sorgt diese Vorgehensweise – mitunter der Vereinfachung und Übersichtlichkeit des gesamten WERTE - Kompasses.

UND gerade deswegen – lautet die **dringende Empfehlung** des Autors : dass ein jeder Leser, mit dem eigenen Studieren doch bitte zuerst mit der Version : **XS** beginnen möge.

... auf diese Weise, ist es einem evtl. „unwissenden" Leser nämlich NOCH sehr viel besser möglich, sich zuerst ein eigenes Bild machen zu können, bevor all die „Definitionen" und Interpretationen eines völlig „wild bzw. frei gewordenen" Schriftstellers, aus allen Richtungen auf diesen herab zu prasseln beginnen.

Wovon – sich ein eher unbedarftes Menschen-Kind, unterbewusst vielleicht ja doch ... „etwas zu sehr" ... beeinflussen lassen könnte ?

Für alle Leser, die aber bereits die Versionen **S, M** oder **L** … usw. … vorliegen haben, sollte diese Empfehlung ebenfalls kein größeres Problem darstellen. Da all jene – anhand der obigen - und selbsterklärenden Auflistung, ja schließlich in der Lage sind, selbst wissen bzw. genau ablesen zu können, welches Kapitel laut dieser Empfehlung logischerweise als nächstes an der Reihe … wäre.

Welche Version – wäre jetzt aber für welches Menschen-Kind wohl am besten geeignet oder gar empfehlenswert ?

Als Antwort auf diese Frage, erhältst du nachfolgende Vorschläge :

– Version **XXS** - für **Neugierige, Kinder, Jugendliche** u/o als Geschenk

– Version **XS** - für **etwas Interessierte, Kinder, Jugendliche** u/o als Geschenk

– Version **S** - für interessierte Menschen-Kinder, die wie Jugendliche u/o Kinder, auf informative **Spielerklärungen** stehen u/o als Geschenk

– Version **M** - für in „geistiger Hinsicht" bereits etwas fortgeschrittenere Menschen-Kinder, die **Definitionen** von **WERTEN** sehr zu schätzen wissen & einen Hang zu **Bedienungsanleitungen** haben u/o als Geschenk

– Version **L** - für Menschen-Kinder die eben einfach „**Alles**" **haben wollen**

Das GLOSSAR

Im hinteren Teil dieses Schriftstücks bzw. im „Glossar", findet der interessierte Leser überaus wichtige **Informationen & Definitionen** bezüglich des **Menschen**, der **PERSON**, **PERSÖNLICHKEIT** und natürlich – über „gott" & die WELT.

… diese Informationen – „spielen" in der **WERTE - Philosophie** der **SYLC 369 MATRIX**, allesamt eine sehr entscheidende Rolle, weswegen sie vielleicht besser „früher als zu spät" verstanden werden sollten.

Selbst – wenn zu Beginn „der eigenen geistigen Reise" mit Hilfe dieses **WERTE - Kompasses**, einige dieser Informationen eher als unerheblich erscheinen mögen, könnten sie für so manchen Leser, mit der Zeit – durchaus zu einem umfangreichen Verständnis führen. Während diese ganz nebenbei für eine sehr viel bessere Orientierung, im gesellschaftlich-weltlichen Dasein wie im wahren Leben & natürlich **in diesem fiktiven Werk** zu sorgen vermag.

… insbesondere hinsichtlich einer unablässigen Schärfung des eigenen Unterscheidungsvermögens, in Bezug auf den Menschen & das - Kind wie deren Umgang, mit den eigenen Gedanken & Gefühlen.

ESSENTIELL gesehen

… kommt es bei der gesamten Wissensvermittlung in diesem Werk … zumindest laut Vorstellungen des Autors … aber – ganz besonders auf eine Sache wirklich an und zwar : auf den **WERTE - Kompass** selbst bzw. die damit einhergehende **SYLC 369 Grafik**.

Denn – sobald sich ein jedes Menschen-Kind, all jene in diesem **WERTE - Kompass** aufgelisteten WERTE wie gewisse damit logischerweise einher gehende Synergie-Effekte, sinnstiftend & eigenständig zu erklären vermag – während es aktive **UFFEO** lebt, wäre das ZIEL des Erfinders wohl erreicht.

… weil : es sich bei diesem Prozess – eben um nichts geringeres handelt, als um eine wahre **BASIS zur Entwicklung der „höheren geistigen NATUR" eines jeden Menschen-Kindes**,

13

LINK zur SYLC 369 Grafik

Die **SYLC 369 Grafik** wird im Internet zur freien Verfügung gestellt, damit sich ein jedes Menschen-Kind diese Grafik, quasi … <u>wie einen „Kompass" für die eigene Hosentasche</u> … „einstecken" und in diversen emotionalen -, mentalen -, planerischen - u/o anderen „kniffeligen" Situationen, eben einfach so hervor holen kann, um sich hieran gegebenenfalls „neu" orientieren zu können.

DOWNLOAD – LINK :

14

über den Autor u/o Erfinder

Diesem im Geiste völlig frei erfundenen Schriftstück aus der Buchreihe die „SYLC 369 Matrix", durfte der Autor „DADAL" in erster Linie als Schreiberling – zum Ausdruck verhelfen. Während der eigentliche Erfinder der **SYLC 369 Matrix** es hingegen bevorzugt, all das – was nur im entferntesten mit einer eher „lauten Gesellschaft" zu schaffen hat, nach Möglichkeit zu meiden. Anstelle dessen führt dieser lieber ein Leben im Einklang – mit jener geheimnisvollen wie stillen & alles durchdringenden Harmonie.

… vorab sei bereits so viel verraten, als dass – sich der Ideengeber (= Erfinder) im Grunde genommen sicher ist : in einigen „WERTEN & lebenswertEn" der **SYLC 369 Matrix**, einen möglichen gemeinsamen Nenner für : **das Leben eines Menschen als Individuum** wie für in größeren Gemeinschaften lebende Menschen-Kinder, erkannt zu haben … scheint.

Alle in diesem Werk präsentierten WERTE und damit verbundenen Wahrheiten, wurden dem Erfinder neben dessen überaus wertvollen Erfahrungen – in der durchweg lehrreichen „Schule des Lebens", wie durch Eingaben der „höheren geistigen NATUR" vermittelt. Zudem wurden einige dieser ausgesprochen kostbaren „geistigen" Geschenke, von dazu wahrlich befähigten „Instanzen" – bereits auf deren Konsistenz überprüft und aus der Mitte unseres Herzens : für wahr befunden.

In der Hoffnung – dass sich die Menschen-Familie lieber früher als zu spät, auf eigenständig für „gut" befundene WERTE u/o lebenswertE zu einigen versteht, wie sie z.B. in der **SYLC 369 Matrix** beschrieben & erläutert werden (studiere hierzu gerne den lebenswert : **UFFEO**).

… also noch weit bevor – die individuelle Entfaltungsmöglichkeit eines jeden Menschen, wider erwartend ein „böses" - u/o durchaus einschränkendes Ende finden … könnte ?

Den Autor erfüllt es innerlich jedenfalls mit großer Freude, all jenen an wahrer Selbstbestimmung interessierten Mitmenschen – dieses Werk geistigen Ursprungs schlussendlich präsentieren zu dürfen.

Aus der Mitte seines Herzens widmet der Mensch hinter dem Autoren „DADAL", sein Handeln und Wirken in erster Linie dem geistigen Fortschritt eines jeden einzelnen Menschen als Individuum – in seiner ganzen Vielfalt & Fülle.

WICHTIGER HINWEIS :

Dieses Schriftstück wurde in einer Sprache erschaffen, die seit Jahrhunderten auf dem „generischen Maskulinum" beruht und bedarf diesbezüglich – keinerlei „Verbesserungen".

UFFEO = unconditional freeDOM for each other

zu deutsch : **BFFE** = bedingungslose freiHEIT für einander

16

Danksagung

Ein großer Dank des Autors gilt all jenen Menschen, die sich aus freien Stücken dazu bereit erklärt haben, an im Grunde jedem Ort dieser Welt für die wahren **WERTE des Lebens** einzustehen.

Insbesondere – in Bezug auf die lebenswert**E** : **freiHEIT** (**UFFEO**), **gesundHEIT** und **BEWUSST SEIN**.

… völlig ungeachtet dessen – wie schön der Traum und alle damit verbundenen Illusionen & Abhängigkeiten, für manche PERSONEN & PERSÖNLICHKEITEN in einem ach so „perfekt" kultivierten gesellschaftlich-weltlichen Gefüge, für manche Menschenkinder wohl erscheinen mögen.   ;)

Ein ganz besonderer Dank – möge freilich all jenen Lehrern zugute kommen, welche den Ideengeber wie Autor auf dem „beschwerlich schönen" Weg des Lebens und des weiterhin unter großer Freude andauernden wie interessanten Lernens : geduldig, ermutigend, einfordernd, beherzt, mitfühlend & zielführend … vorangebracht, sprich : dieses Werk – somit erst ermöglicht haben und darüber hinaus – natürlich weiter voran bringen werden … Dankeschön.

… vielen lieben Dank, aus der Mitte unseres Herzens im „Hier & Jetzt" wie zukünftig, für die bedingungslose Fülle und jeden auf diesem Lebensweg zusätzlich zu findenden Reichtum, auf allen Ebenen und in jedem Aspekt unseres Lebens … and we will always find it.   ;)

… in großer Dankbarkeit – insbesondere für das unerschütterliche Vertrauen und die grenzenlose -, großzügige - & bedingungslose Unterstützung und überaus weise geistige Führung, der höchst rechtschaffenen Lebewesen und höchsten untrennbaren 3einigkeit.

Vielen lieben Dank.

In unconditional love,

DADAL

Vorwort : einleitende Version

Aufgrund der Tatsache – dass die meisten Menschen-Kinder oder besser gesagt : deren PERSONEN & PERSÖNLICHKEITEN … in Bezug auf **die „individuelle Beschaffung & Vermittlung von WISSEN"** (Informationen) und **den „inter - & nationalen Zahlungsverkehr"** … bereits im digitalen Zeitalter angekommen sind UND mit Hilfe von extra dafür kreierten Apps, AI´s (= KI = Künstliche Intelligenz) … usw. … im WEB 2.0, 3.0 oder höher, heutzutage (2023) ja schon nahezu alles, insbesondere : jede äußerliche - & gesellschaftlich-weltliche Erscheinung von ausnahmslos jeder Person u/o Persönlichkeit – von geradezu jedem „unversierten" Anwender, auf digitalem Wege relativ einfach manipuliert werden kann …

… wie zum Beispiel anhand diverser AI-gesteuerter Bearbeitungsprogramme für Bild, Ton, Video, Algorithmen, BLOCKCHAIN … usw. … **„Deep-Fake-Videos"** lassen an dieser Stelle freundlichst grüßen.   ;)

… ist es für ein **Menschen-Kind mit Herz & Verstand** ja nahezu unmöglich geworden, irgend etwas von dem … was diesem von Grund auf „ehrlichen" Geschöpf, selbst mittels anderer Mitgeschöpfe u/o durch diverse mediale Quellen, in der Außenwelt tagtäglich vorgesetzt und aus kommerziellen Zwecken, teilweise sogar extra „vorgegaukelt" wird … noch ernsthaft glauben oder eben einfach – als objektive Wahrheit anerkennen … zu können – oder ?

OK, vielleicht mögen die ein oder anderen Erfahrungsberichte einen durchaus wahren - wie subjektiven Kern haben, müssen deswegen – aber noch längst nicht für jedermann ECHT … bzw. für Menschen-Kinder mit einer völlig anderen Geisteshaltung, gleichermaßen „wahr" sein.

Was ALSO – soll ein Menschen-Kind JETZT aber überhaupt noch glauben … können ?

… laut **WERTE - Philosophie** der **SYLC 369 Matrix** : REIN GAR NICHTS !!!

… weil : **GLAUBEN** nicht gleich **WISSEN ist** & gerade in der heutigen „Zeitqualität", allen gegenwärtig lebenden Menschen-Kindern, scheinbar von Tag zu Tag deutlicher vor Augen geführt werden soll, dass es in Bezug auf die selbst gelebten Wahrheiten (**SELBST - BESTIMMUNG**) eigentlich seit jeher – nur eine einzig & allein zu beachtende Regel gibt, welche da lautet :

18

WISSEN = Trumpf

… um als ein naturgemäß eher „unwissendes" Menschen-Kind – eben NICHT immer bzw. NICHT länger – all den EGO-Interessen, irgendwelcher skrupelloser … auf der mentalen Ebene : aber immerhin sehr intelligenter … PERSONEN & PERSÖNLICHKEITEN, „auf den Leim zu gehen".

Jedes sich eigenständig erarbeitete WISSEN – bringt zudem den immensen Vorteil mit sich, dass : sobald sich ein Menschen-Kind in Richtung „Weg zur eigenen **SELBST - Erkenntnis**" begibt, beginnt es bereits damit sehr viel weniger Gefahr zu laufen – erneut dazu verleitet zu werden, einem „blinden Glauben" … wie z.B. einem schon längst überholten **persönlich**en Dogma, manipulativen Werbebotschaften, kriegs-treibender Propaganda … usw. … fälschlicherweise doch wieder aufsitzen zu können.

… weil : diese Art der WISSENS - Generierung, glücklicherweise über ganz spezielle geistig-mentale „Filter-Ebenen" abgewickelt wird und immer eigenständig erschlossen, wie nur in sich „schlüssig" … d.h. subjektiv kohärent … sein kann, insofern das eigene Weltbild davon nicht groß gefährdet wird.

Dinge wie z. B. : all die monetären Schöpfungs - und Verwaltungsprozesse, rechtsstaatliche Regierungs-Angelegenheiten, die weltweit organisierte Energiegewinnung & - verteilung, internationale Unternehmensführung wie molekulares **3D-Printing** … hingegen – könnten … laut der Ansicht einiger Experten, ja bereits in naher Zukunft fast komplett durch **Algorithmen** und diverse zweckgebundene **BLOCKCHAINS**, im direkten Zusammenspiel mit hierfür extra erstellten **Smart-Contracts**, **NFT´s** wie **MPT`s** … usw. … wohl stellvertretend für - & im Sinne „wahrer Menschen" geregelt werden. Falls dies von allen Menschen – eben genau so … gewollt sein sollte ?

… während AI für all das, sicherlich teilweise und in manchen Aufgaben-Bereichen, sogar voll umfänglich für z.B. die Effizienz … von gewissen technischen - & rechnerischen Abläufen, periodisch wiederkehrender Arbeitsprozesse, „lebensechten" Simulationen und diverser zivilisations-technischer Neuerungen … usw. … sowohl in einer „**beratenden**" - wie „**eigenständig programmierenden**" Funktion heran gezogen werden könnte.

… falls dies – in vermeintlich „sicheren" Versuchsläufen („Sandbox-Trials"), weltweit nicht schon längst erprobt wird ???

... spätestens DANN – d.h. mit der tatsächlichen Einführung des ... für die breite Masse, derzeit wohl noch etwas ominös erscheinenden ... „WEB 3.0", mit allem was in technischer Hinsicht dazu zählen mag, würden einige Menschen-Kinder vermutlich liebend gerne zum Einsiedlertum zurückkehren wollen. Selbst – wenn vieles davon, zumindest aus technischer Sicht bereits heutzutage (2023) quasi sofort umsetzbar wäre.

... lediglich eine angemessene „Fertigstellung" von **AGI** (Artificial GENERAL Intelligence) und deren Verknüpfung, mit einer hierfür geeigneten - & extra ausgelegten **BLOCKCHAIN** ... wie eine damit einhergehende „**humanoide**" **Robotik** und deren allumfassend unterstützende Integration in all jene gesellschaftlich-weltlichen Prozesse, könnte verrückterweise – vielleicht sogar zu einem sehr viel „artgerechteren" Leben für jeden einzelnen „**Menschen als Individuum**" und eigentlich ja „**höchst intelligente Lebensform**" führen ... scheint aktuell – wohl doch noch etwas Zeit zu beanspruchen ? ... nur – ob es zur **ASI** (Artificial SUPER Intelligence), dann wirklich noch ... kommen muss ?

WICHTIG :

... diverse verinnerlichte & bereits mit großer Freude ausgelebte WERTE, wie beispielsweise der lebenswert „**UFFEO**", könnten zur besseren Orientierung in jener neuen „ANDERS-WELT" wie es ja bereits „JETZT" der Fall ist ... ganz bestimmt – mehr als nur überaus hilfreich sein.

... und zwar – könnten all diese WERTE, durch den praktischen Gebrauch im Leben eines jeden einzelnen Menschen, vielleicht ja sogar für eine sehr viel bessere - wie umfangreichere Verständigung auf allen Ebenen sorgen ?

... gegebenenfalls könnten neben anderen wichtigen WERTEN, insbesondere die WERTE & lebenswertE der **SYLC 369 Matrix** ... vertreten durch AI bzw. AGI oder in sich selbst-komplementäre Systeme – insbesondere für die geistige Entwicklung eines Menschen als Individuum ... irgendwann in „Gestalt" eines auf den **Menschen als Individuum** „perfekt" zugeschnittenen „**digitalen Tutoren**" ... z.B. : in Form einer „**SYLC AI**", als sogenannter „Vertrauens-Lehrer" ... via Smartphone, - watch, Hologramm u/o in Gestalt, anderer zukünftig evtl. sehr viel relevanter werdender technischer Hilfsmittel ... je nach Themenfeld & Bedarf – überaus veranschaulichend vermittelt werden.

Disclaimer

An dieser Stelle möchte der Autor den Leser auf folgendes hinweisen :

- keinesfalls erachtet der Schreiber dieses Werkes – selbiges u/o dessen Inhalte, als perfekt oder gar als „der Weisheit letzte Schluss".

- vielmehr – hegt der Autor die Hoffnung, dass alle in der **SYLC 369 Matrix** angestellten Denkansätze und Erläuterungen, von Menschen jeglicher Geisteshaltung eigens auf deren Konsistenz und ihren Wahrheitsgehalt hin, überprüft werden.

- **DYOR = Do Your Own Researche**, zu deutsch : **SDENA = <u>Stelle Deine Eigenen Nachforschungen An</u>** ... denn viele – wenn nicht sogar alle in diesem Werk zusammen gefassten Informationen, sind entweder <u>reine Fiktion</u> oder beruhen lediglich auf Beobachtungen im Studium des Lebens und wären bei genauerer Betrachtung, wenn überhaupt – wohl maximal den „Erfahrungswissenschaften" zuzuordnen.

Demnach sind alle in diesem Werk beschriebenen **Informationen**, bestenfalls als zweckdienliche <u>Empfehlungen</u> oder <u>Ratschläge</u> aus <u>einem gedanklich völlig „frei" erfundenen Werk</u>, für das eigene Leben zu verstehen. Welche sich außerdem jeglicher wissenschaftlichen Grundlage entziehen und absolut keinen wissenschaftlichen Anspruch erheben. Selbst falls es für manche Menschen-Kinder, Personen und / oder Persönlichkeiten teilweise so erscheinen mag, als ob in diesem Schriftstück – in irgend einer Art & Weise ein Bezug auf irgend eine Form von Realität genommen werden würde.

<u>WICHTIGER HINWEIS</u> :

... sowohl der Erfinder dieses Schriftstückes und der Buchreihe die „**SYLC 369 Matrix**" wie der Autor dieser Schriften, sind weder Ärzte, Therapeuten noch Psychologen.

Von daher ist allen Worten, Ideen und geistigen Auswürfen in diesen geistig völlig „frei" erfundenen Werken, <u>zum Wohle der eigenen Gesundheit und zum Schutze der eigenen körperlichen - wie geistigen Unversehrtheit, unter keinen Umständen Folge zu leisten</u>. Vielen Dank.

Offenbarung

Entscheidend für den Menschen hinter dem Autoren „DADAL", ist in erster Linie : eine neutrale und angemessene Verbreitung – des in der vorliegenden Schrift präsentierten WISSENS. In der Hoffnung, dass : **die Bedeutsamkeit** der in diesem Zusammenhang teilweise ja doch etwas schwierig zu vermittelnden WERTE – vom Leser (Rezipienten) dennoch relativ leicht verstanden & begriffen … plus : das damit einhergehende WISSEN, von vielen Menschen-Kindern eigenständig & sinnstiftend angewendet … werden kann.

Denn je mehr Menschen-Kindern es gelingt, aus der praktischen Anwendung eines bestimmten WISSENS eigene Erfahrungen zu sammeln, desto eher können daraus resultierende Erkenntnisse gewonnen und als subjektive Wahrheiten, unter den Mitmenschen diskutiert & geteilt werden.

… auf diesem Wege könnten die WERTE & lebenswertE der **SYLC 369 Matrix**, eventuell ebenso das Leben anderer Menschen in ganz ähnlich aufeinander aufbauender Art & Weise bereichern.

Vielleicht sogar – um „das Entstehen einer sehr viel besseren Welt" … für den Menschen als Individuum wie für die gesamte Menschen-Familie … als durchaus gangbare CHANCE : NICHT ungenutzt verstreichen zu lassen ?!?

… sondern : diesen äußerst gut durchdachten & geistigen „Stoff des Lebens", auf Grundlage eines echten Herzenswunsches – lediglich durch ein etwas „**bewussteres" Leben** aller Menschen-Kinder und das kontinuierliche „**Praktizieren von UFFEO**", überall auf dieser und anderen Erden schnellstmöglich … wahr werden zu lassen ?

Wofür ein jedes Menschen-Kind von ganzem Herzen, bereits im Voraus mit großem Dank & großer Fülle gesegnet sein möge.

A H U M

Für den Anfang – sollte es für das interessierte Menschen-Kind allerdings reichen, ein Werk wie dieses ganz in Ruhe zu lesen und bei weiter aufkommendem Interesse, etwas genauer zu studieren und erst dann – alles aber wirklich ganz genau zu überprüfen … sprich : eigenständig für „gut" oder halt „nicht so gut" zu befinden … usw.

... schließlich beginnt jeder individuelle Erfolg ja stets im Kleinen, also – noch weit bevor, alles aufgrund einer soliden Recherche ganz plötzlich sehr viel größer und größer zu werden beginnt ... insbesondere in Bezug auf den lebenswert :

„UFFEO"

... zum einfacheren Verständnis bzw. um Missverständnisse zu vermeiden : wird dem Leser nachfolgend die „**WERTE - Philosophie**" präsentiert. Da diese bei der praktischen Umsetzung, gewisser in das eigene Leben inkludierter **SYLC 369 Matrix - WERTE** – eben eine ganz besondere Rolle spielt.

Die **WERTE - Philosophie** der **SYLC 369 Matrix** :

... die **WERTE - Philosophie** der **SYLC 369 Matrix** ist grundsätzlich ausgerichtet auf : die **freiHEIT** in Form von **UFFEO** u/o das **freiSEIN**, eines jeden Menschen.

... darauf bezugnehmend – orientieren sich schlussendlich alle anderen WERTE, subjektive EINSCHÄTZUNGEN und ggf. zu treffende AUSSAGEN, logischerweise immer & primär am ultimativen WEITERBESTEHEN dieses allseits zentralen lebenswertEs ... sprich : an der **freiHEIT** selbst.

... mit der erweiterten Zielsetzung : insbesondere all jenes auf diesem Wege generierte WISSEN, welches mit einer weltweit ausgerichteten & praktischen „Anwendung von **UFFEO**" einhergeht – für alle Menschen gleichermaßen zugänglich zu machen.

...

**Die Menschen
unter den „Menschen"**

**werden dieses UFFEO einfach lieben,
sagte die Intuition dem Verstand**

**und verschwand – sogleich wieder
hinter all jenen sich**

**daraufhin
bildenden Gedanken.**

...

24

Das „Menschen-Kind"

Dieser … einer durch & durch fiktiven Welt … entlehnte Begriff „**Menschen-Kind**", wird in der **SYLC 369 Matrix** niemals bezugnehmend auf eine PERSON u/o eine PERSÖNLICHKEIT verwendet, sondern steht immer – stellvertretend für all jene Menschen, die an & für sich :

- Disziplin & Durchhaltevermögen besitzen u/o anstreben,
- über die innere Bereitschaft (Mut / Herz) verfügen &
- Willens genug sind

… sich größeren „**geistigen Herausforderungen**" des Lebens … welche während des eigenständigen Lernens ja durchaus auftreten könnten, unter Zuhilfenahme der **SYLC 369 Matrix** u/o anderweitig geeigneter Hilfsmittel … anstandslos zu stellen & nach Möglichkeit, völlig eigenständig zu meistern.

… weil : „früher oder später" erfahrungsgemäß besonders dieser Typ „Mensch" recht einfach verstehen wird, WIESO man sich dieses … für die „individuelle Entwicklung" eines Menschen unbedingt erforderliche … WISSEN – bestenfalls offenherzig & bereitwillig aneignen sollte.

Insbesondere falls es sich bei diesem Erkenntnis-Gewinns, um eine in geistiger Hinsicht eher schwierige & sehr zeitaufwendige Angelegenheit handelt.

WISSE :

… der Begriff „**Menschen-Kind**" wie alle in der **SYLC 369 Matrix** aufgeführten WORTE, werden völlig unabhängig eines jeden Alters u/o jeglicher ethnischer, konfessioneller oder kultureller Zugehörigkeit … usw. … gebraucht.

Da es im „**SYLC 369 L i f e**" ja letzten Endes primär darum geht, dass sich der Mensch … völlig gleich welchen Alters … usw. … **selbst - auf den Weg des „wahren" Lebens begibt & sich auf diesem von da an, sprich : fortwährend … befindet**.

… um : dem „geistigen Stillstand" in Form von diversen gesellschaftlich-weltlichen Bequemlichkeiten & gewissen dort geltenden „**Rahmen-Bedingungen**" … welche die **bewusste Entwicklung eines „Menschen als Individuum"** – ja eher beschränken als in geistiger Hinsicht zu fördern … bestenfalls NIE wieder, zum Opfer fallen zu müssen.

...

„Wenn Du denkst

wir

können die Welt nicht verändern,

bedeutet das nur, dass Du

NICHT

einer derjenigen

bist,

die es tun

werden"

...

Jacque Fresco
(The Venus Project)

4   **PLAY** : SYLC 369 Matrix / Grafik

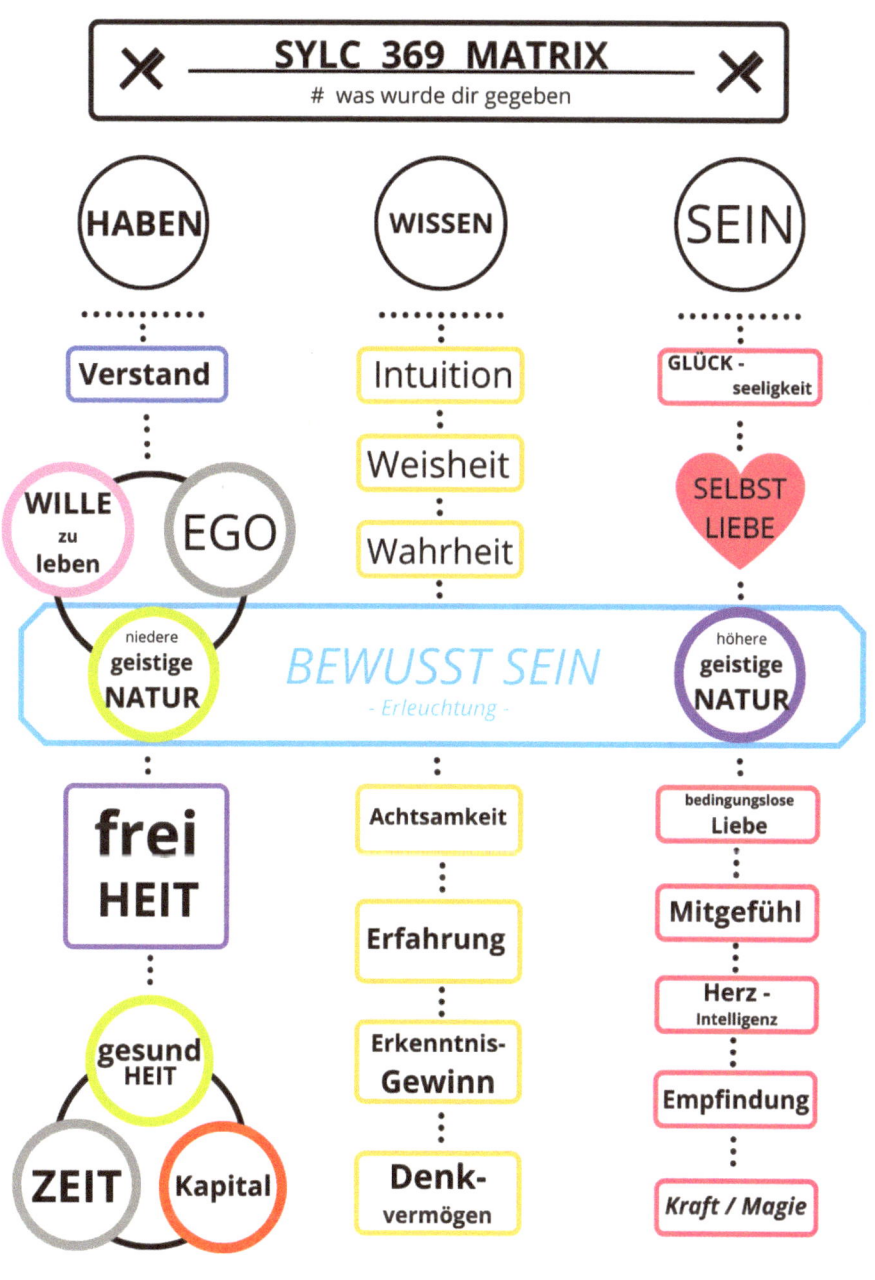

SYLC 369 MATRIX

✖ ── **SYLC 369 MATRIX** ── ✖
was wurde dir gegeben

HABEN **WISSEN** **SEIN**

HABEN	WISSEN	SEIN
Verstand	Intuition	GLÜCK - seeligkeit
WILLE zu leben — EGO	Weisheit	SELBST LIEBE
niedere geistige NATUR	Wahrheit	höhere geistige NATUR

BEWUSST SEIN
- Erleuchtung -

frei HEIT	Achtsamkeit	bedingungslose Liebe
gesund HEIT	Erfahrung	Mitgefühl
ZEIT — Kapital	Erkenntnis-Gewinn	Herz - Intelligenz
	Denk-vermögen	Empfindung
		Kraft / Magie

✖ - enjoy life & the **UFFEO** - MOVEMENT - ✖

5   alle – anderen WERTE

Alle anderen x-beliebigen & wichtigen Werte – die in der **SYLC 369 Matrix** derzeit nicht als relevante „Spielsteine" mit aufgeführt werden, können laut diversen Forschungsergebnissen des Autors, glücklicherweise nahezu immer einem der darin bereits existierenden WERTE & lebenswertE zugeordnet werden & dies sogar – in einer weitestgehend sinnstiftenden Art & Weise.

... praxisbezogene Beispiele hierfür, findest du im größeren Umfang etwa am Ende dieses Werkes, im sogenannten „**WERTE - ABC / Zuordnung anderer Werte**".

Sollte es dir unverhofft aber dennoch gelingen – wirklich einen Wert zu finden, der sich den WERTEN & lebenswertEn der **SYLC 369 Matrix** tatsächlich entzogen zu haben scheint u/o sich diesen NICHT einmal in etwa zuordnen lässt, dann könnte es sich hierbei – ja tatsächlich um einen wahrlich großen WERT handeln.

... den die PERSÖNLICHKEIT vor dem Menschen, in seinem kleinen & bescheidenen „Autoren-Dasein" (= Menschen-Kind), wohl einfach ... übersehen hat ? In diesem Fall : „Vielen lieben Dank dafür – bereits im Voraus", für das weitsichtige Erkennen eines so überaus bedeutsamen WERTES & dein mitfühlendes Verständnis, für den fehlbaren Schreiberling.

Falls du daraufhin oder irgendwann anders im wahren Leben aber de facto feststellen solltest, dass die **WERTE-Sammlung** der **SYLC 369 Matrix** deinen eigenen Überprüfungen & Anforderung, NICHT länger stand hält – dann BITTE SCHÖN : BRICH DIESE MATRIX !!! ... WEIL : sie oder Teile davon, ja zumindest für DICH jegliche Existenzberechtigung verloren haben und diese Gegebenheit – natürlich auch auf andere Menschen zutreffen könnte ?

Sollte es dir – als Mensch allerdings NICHT gelingen, das Konzept der **SYLC 369 Matrix** ... ganz besonders die freiHEITS - bezogene IDEE dahinter, namens : „**UFFEO**" ... brechen zu können, dürfte dies für dich wie andere, demgegenüber – wohl ein relativ „ernst" zu nehmendes Anzeichen dafür sein, das eine oder andere in „wissens-technischer" Hinsicht nun völlig überholte DOGMA bzw. die „ALTE MATRIX" – folgerichtig verlassen ... zu müssen ?

... um **der eigenen geistigen - & grundsätzlich ja doch sehr individuellen Entwicklung** : weiterhin den Weg ebnen zu können und die direkt mit der **SYLC 369 Matrix** verbundene **WERTE - Philosophie**, vielleicht ja nicht nur selbst zu verinnerlichen – sondern diese sogar ... selbst zu verbreiten ?

...

break it

and

create a better one

or

join it

and tell your

friends & family

about it

...

17   WERTE - ABC / Zuordnung anderer WERTE

In diesem Kapitel – findet der interessierte Leser, eine Auflistung weiterer ... für manche Menschenkinder – gegebenenfalls sogar ebenso wichtiger … WERTE, PLUS eine mögliche Verknüpfung bzw. Eingruppierung dieser, in jene in der **SYLC 369 Matrix** ja bereits fest verankerten **WERTE** & lebenswertE.

2 HINWEISE vorab :

1. … bestenfalls – führen alle Erfahrungen im Leben eines Menschen-Kindes, letzten Endes ja immer irgendwie & irgendwann zu einer **Art** „**Bewusstseinssprung**". Daher verzichtete der Autor nur zu gerne darauf den lebenswert „**BEWUSST SEIN**", in einigen nachfolgend aufgelisteten Lösungs-Vorschlägen explizit zu erwähnen. Von einem aufmerksamen Leser – darf dieser lebenswert, also zweifelsohne all jenen in gedanklicher Hinsicht hinzu gefügt werden. Vielen Dank.

2. … dieser Hinweis gilt logischerweise ebenso für das **Kapital** – weil : jeder x-beliebige WERT … in der „ein oder anderen" wahrlich heraus fordernden Situation des Lebens … allerdings & sehr plötzlich zu einem überaus bedeutsamen WERT avancieren kann und somit : prompt zum wichtigsten aktuell verfügbaren „Kapital" eines Menschen oder - Kindes aufgestiegen wäre.

Nun – soll es aber wirklich losgehen, mit dem großen „Vergleichen & Abgleichen" der eigenen WERTE-Vorstellungen gegenüber all jenen nachfolgend präsentierten. Wobei bitte NICHT bzw. NIEMALS vergessen werden sollte, dass alle hier präsentierten Zuordnungen lediglich als Lösungsvorschläge zu verstehen sind.

… damit sich ein jedes Menschen-Kind … „frank & frei" so ganz nebenbei … doch „bitte & gerne" ein eigenes Weltbild kreieren möge & das sogar – falls jemand den ein oder anderen folglich dargebotenen Lösungsvorschlag, bei Bedarf in die eigene Weltanschauung integrieren … wird ?

ALSO … sei MENSCH & überprüfe wirklich alles dir von WEM auch immer Vorgesetzte – BITTE stets mit Herz & Verstand, eben so – als würdest du „gott" selbst einen Gefallen tun wollen & dementsprechend … handeln.

Vielen lieben Dank & weiterhin recht viel Erfolg …   :)

→ (Pfeil)	... kann auf Basis eigener **Erfahrungen + Achtsamkeit, Denkvermögen, Herz-Intelligenz, Bewusstsein +** eines dementsprechenden **Erkenntnis-Gewinns** – führen zu ...
/ (Slash)	und / oder

A

Abenteuer (gedankliches Konstrukt) = Verstand / EGO (Persönlichkeit) → Erfahrung → EGO / Kapital / Wahrheiten
Achtung = Herz-Intelligenz / Intuition
Achtung (gedankliches Konstrukt) = EGO / Verstand (Persönlichkeit) → Kapital / Erfahrung → Wahrheiten
Ahnen (Vorfahren) = Empfindung / Verstand / bedingungslose Liebe / Kraft / Kapital → Erfahrung → Wahrheiten / Magie
Akzeptanz (natürlicher Ursprung) = bedingungslose Liebe
Akzeptanz (gedankliches Konstrukt) = Verstand / EGO (Persönlichkeit) → Erfahrung → Wahrheiten
Anerkennung (natürlicher Ursprung) = bedingungslose Liebe / Mitgefühl
Anerkennung (gedankliches Konstrukt) = Verstand / ECO (Persönlichkeit) › Erfahrung → Wahrheiten
Ansehen (gedankliches Konstrukt) = Verstand / Kapital → Erfahrung → Wahrheiten
Aufrichtigkeit = Kapital / Verstand / Herz-Intelligenz → Erfahrung → Wahrheiten

B

Beruf (gedankliches Konstrukt) = Verstand / EGO (Persönlichkeit) → Erfahrung → Wahrheiten
Berufung = Selbstliebe / Herz-Intelligenz / Intuition / Achtsamkeit → Kapital / Logik → Wahrheiten
Bewegung (Sport) = Kapital / gesundHEIT → Erfahrung → Wahrheiten
Bildung (gedankliches Konstrukt) = Verstand → EGO / Kapital / Wahrheiten

C

Courage / Mut = Selbstliebe / Herz-Intelligenz → Erfahrung → Wahrheiten → Weisheit

D

Dankbarkeit = Empfindung → gesundHEIT / freiHEIT → Erfahrung → SELBST-LIEBE / Mitgefühl → Wahrheiten / bedingungslose Liebe → Weisheit
Demokratie (gedankliches Konstrukt) = Verstand / EGO → EGO / Kapital / Erfahrung → Wahrheiten
Demut = Herz-Intelligenz → Erfahrung → Wahrheiten / Weisheit / Kapital
Diktatur (gedankliches Konstrukt) = Verstand / EGO → EGO / Kapital / Erfahrung → Wahrheiten
Disziplin = Kapital → Erfahrung → Verstand / Logik → Wahrheiten / Kraft → Magie

E

Ehrlichkeit = Kapital / SELBSTLIEBE / Herz-Intelligenz → Verstand / Logik / Erfahrung / Achtsamkeit → Wahrheiten → Magie
Ehre (natürlicher Ursprung = Wertschätzung) = Empfindung → Verstand / Kapital / Wahrheiten / Kraft
Ehre (gedankliches Konstrukt) = Verstand / EGO (Persönlichkeit) → Kapital / Erfahrung → Wahrheiten
Emotion (gedankliches Konstrukt) = Kapital / Verstand / EGO → Erfahrung → Wahrheiten
Empathie = Kapital / Mitgefühl / Herz-Intelligenz → Wahrheiten → Gesundheit
Entbehrung = Kapital → gesundHEIT / ZEIT / freiHEIT / SELBST-LIEBE / Erfahrung → Wahrheiten / GLÜCK-seeligkeit / Weisheit / Magie / Kraft
Erfolg = Kapital → gesundHEIT / ZEIT / freiHEIT / EGO / SELBST-LIEBE / Erfahrung → Wahrheiten / GLÜCK-seeligkeit / Weisheit / Magie / Kraft
Erkenntnis = Kapital → Wahrheiten / Weisheit → BEWUSST SEIN
Erleuchtung (Prozess) = Bewusstsein / Kapital

F

Familie = Kapital → gesundHEIT / freiHEIT / EGO / Erfahrung / Denkvermögen → Weisheit / bedingungslose Liebe → Kraft / Magie
Fähigkeit (Anlage) = Kapital (ruhend) → Fertigkeit

Fertigkeit (ausgebildete Anlage) = Kapital → Erfahrung → Verstand / Wahrheiten → Selbstliebe → Kraft / Magie

Flexibilität (wird oftmals unterschätzt) = freiHEIT → Kapital / Verstand / gesundHEIT / Erfahrung → Logik / SELBST-LIEBE

Freunde = Kapital → gesundHEIT / Kapital → freiHEIT / EGO / bedingungslose Liebe → Kraft

Freude = Empfindung / Wahrheit / bedingungslose Liebe / Selbstliebe → GLÜCK-seeligkeit / Erfahrung / Kraft / Magie … (kleine Kinder vermögen zwischen Freude und Spaß ggf. noch nicht so recht zu unterscheiden / Freude wird im Herzen gefunden und ist frei verfügbar … entgegengesetzt zum Spaß / eines Erwachsenen)

Freidenken (Querdenken) = Kapital / EGO / Verstand → freiHEIT / Erfahrung → Bewusstsein → Wahrheiten

Frieden = Kapital → Wille zu Leben / freiHEIT → Erfahrung → Denkvermögen / Achtsamkeit / Logik → gesundHEIT / SELBST-LIEBE / Mitgefühl / bedingungslose Liebe → Wahrheiten / Weisheit

G

Geduld = Kapital → Erfahrung → Wahrheiten / Kraft

Gefühl (gedankliches Konstrukt) = Kapital / Verstand / EGO → Erfahrung → Wahrheiten

Geld (gedankliches Konstrukt) = Verstand / Kapital → Erfahrung → Wahrheiten

Gemeinschaft = Empfindung / Verstand / bedingungslose Liebe / Kraft / Kapital → Erfahrung → Wahrheiten / Magie

Gemeinwohl (gedankliches Konstrukt) = Verstand / Kapital → Empfindung / Mitgefühl → Erfahrung → Wahrheiten

Gerechtigkeit (gedankliches Konstrukt ?) = Kapital / Wahrheit → Erfahrung → Wahrheiten → Verstand / Persönlichkeit / EGO / höhere geistige Natur (Hingabe)

gesundHEIT = Kapital → freiHEIT / Denkvermögen → Wahrheiten / BEWUSST SEIN

Gott (als konstruierte oder personifizierte Größe = Schöpfergestalt) = Verstand / EGO / Kapital → Erfahrung / Wahrheiten / Denkvermögen → freiHEIT / Achtsamkeit / Wahrheiten → **gott** (als Verb = aktiv schöpfend) = Bewusstsein / Kapital → Bewusstsein / bedingungslose Liebe / Magie … (Hinweis: … je intelligenter der eigene Geist ist, desto eher könnte es zu einer Herausforderung von unvorstellbarem Ausmaß kommen, den wahrlich großen Geist selbst erkennen zu können …)

Großzügigkeit = Kapital / Verstand / Empfindung / bedingungslose Liebe → Erfahrung → Wahrheiten → Weisheit → Kraft

Güte = Kapital / Weisheit / Empfindung / Herz-Intelligenz / bedingungslose Liebe → Erfahrung → Wahrheiten → Kraft / Magie

H

Harmonie (ggf. gedankliches Konstrukt) = Kapital / Verstand / Persönlichkeit / EGO / höhere geistige Natur / Herz-Intelligenz / Mitgefühl / Empfindung → Erfahrung / gesundHEIT → Wahrheiten → Kraft
Hilfsbereitschaft = Kapital / Mitgefühl / bedingungslose Liebe / Verstand → Erfahrung → Wahrheiten
Hingabe = Kapital / Wille zu leben / Empfindung / Intuition / Herz-Intelligenz / bedingungslose Liebe → Erfahrung → Wahrheiten / GLÜCK-seeligkeit / Magie
Hoffnung (Programmierung) = Kapital / Empfindung / Wille zu leben / Verstand → Erfahrung → Wahrheiten
Humor = Kapital / Wille zu leben / Verstand → Erfahrung → Wahrheiten

I

Image (gedankliches Konstrukt) = Verstand / EGO → EGO / Kapital / Erfahrung → Wahrheiten
Individualität (betrifft: das individuelle menschliche Wesen) = (Quasi-Gegensatz zur Persönlichkeit) = <u>Gesamt - Kapital</u> → Erfahrung → Wahrheiten / Selbstliebe / bedingungslose Liebe → Weisheit / Magie / Kraft / GLÜCK-seeligkeit
Inklusion (geistiges Konstrukt) = Verstand / Kapital → Erfahrung / Wahrheiten
Intelligenz (mentale Fakultät) = Kapital / niedere + höhere geistige Natur → Erfahrung → Wahrheiten

J

Job / Arbeit = Kapital → Erfahrung → Wahrheiten

K

Karma (geistiges Konstrukt) = Kapital → Erfahrung → Wahrheiten
Klimaschutz (geistiges Konstrukt) = Verstand / EGO (Persönlichkeit) / Kapital → Erfahrung → Wahrheiten
Kreation = Kapital / manifestiertes Bewusstsein
Kreativität = Kapital → Wille zu Leben / Erfahrung / Achtsamkeit → Wahrheit → Selbstliebe
Kunst = Kapital / manifestiertes Bewusstsein → Erfahrung → Wahrheiten

L

Leichtigkeit = Kapital → SELBST-LIEBE / Erfahrung → Wahrheiten
Leidenschaft = eine <u>Hingabe</u>, die Leiden schafft / Erfahrung → Wahrheiten
Liebe (gedankliches Eigenkonstrukt - wenn nicht bedingungslos) = Verstand / EGO (Persönlichkeit) → Erfahrung → Wahrheiten

M

Macht (natürlichen Ursprungs) = Kapital / SELBST-LIEBE / Bewusstsein / Kraft (in Form von Selbst-Ermächtigung) → Erfahrung → Wahrheiten
Macht (gedankliches Konstrukt) = Kapital / Verstand / EGO (Persönlichkeit) → Erfahrung → Wahrheiten
Materialismus (gedankliches Konstrukt) = Kapital / Verstand → Erfahrung → Wahrheiten
Matriarchat (gedankliches Konstrukt) = Kapital / Verstand → Erfahrung → Wahrheiten
Mensch = Kapital / Lebewesen mit BEWUSST SEIN
Mitwelt = Kapital → Achtsamkeit / Logik / Erfahrung / Weisheit / Wahrheit / Selbstliebe / bedingungslose Liebe / Herzintelligenz → Kraft / Magie / höhere geistige Natur
Mut = Kapital (siehe Courage)

N

Nachhaltigkeit (gesellschaftliches Konstrukt) = Verstand / EGO (Persönlichkeit) → Kapital → Erfahrung → Wahrheiten
Nächstenliebe = Kapital / bedingungslose Liebe / Verstand / EGO › Erfahrung → Wahrheiten
Nation (gesellschaftliches Konstrukt) = Kapital / Verstand / EGO → Erfahrung → Wahrheiten
Natur = Kapital / Bewusstsein
Naturschutz (gesellschaftliches Konstrukt) = Verstand / EGO → Kapital → Erfahrung → Wahrheiten
Neutralität = Kapital → Achtsamkeit → Erfahrung → Wahrheiten

O

Offenheit = Kapital → Erfahrung → Wahrheiten
Optimismus (Programmierung) = Kapital / Wille zu leben / Verstand → Erfahrung → Wahrheiten

Ordnung = Kapital / Selbstliebe / bedingungslose Liebe / Verstand / freiHEIT
→ Erfahrung → Wahrheiten

P

Person = Kapital / gesellschaftliches - & gedankliches Konstrukt → Erfahrung
→ Wahrheiten
Persönlichkeit = Kapital / gesellschaftlich anerkanntes individuelles - &
gedankliches Konstrukt → Erfahrung → Wahrheiten
Phantasie = Kapital / Verstand → Erfahrung → Wahrheiten

Q

Querdenken / Freidenken = Kapital / Verstand → Erfahrung → Wahrheiten

R

Reichtum (natürlicher Ursprung) = alle WERTE & lebenswertE → Kapital
Reichtum (gedankliches Konstrukt) = Verstand / EGO (Persönlichkeit) →
Kapital / Erfahrung → Wahrheiten
Regierung (gesellschaftliches Konstrukt) = Verstand / EGO → Kapital /
Erfahrung → Wahrheiten
Reputation (gedankliches Konstrukt) = Verstand / EGO → Kapital / Erfahrung
→ Wahrheiten
Resilienz (Anpassungsfähigkeit) = freiHEIT → Kapital / Verstand / Gesundheit
/ Erfahrung → Selbstliebe / Wahrheiten
Respekt (von Natur aus gegeben) = Kapital + Verstand / Herz-Intelligenz /
Intuition → Erfahrung / Wahrheiten / Magie
Respekt (gedankliches Konstrukt) = siehe Ansehen
Ruhe (gedankliches Konstrukt) = Kapital / Achtsamkeit (in Form von Stille) →
Selbstliebe / Empfindung / Wahrheit / GLÜCK-seeligkeit / bedingungslose
Liebe / Magie → Erfahrung / Wahrheiten / Weisheit / Kraft

S

Schöpfung = Bewusstsein (manifestiert)
Selbstvertrauen = Kapital / SELBST-LIEBE / Wahrheit / WILLE zu leben →
Erfahrung / Weisheit / Wahrheiten
Selbstermächtigung = Kraft / Selbstliebe / Achtsamkeit / Wahrheit / WILLE →
Erfahrung → bedingungslose Liebe / Kapital / Wahrheiten → Weisheiten /
Magie / Kraft
Sensitivität = Kapital / Empfindung → Erfahrung → Wahrheiten

Sicherheit (natürlicher Ursprung) = Bewusstsein / Selbstliebe / Kapital / Intuition / Verstand / EGO / Achtsamkeit / Denkvermögen → Erfahrung → Wahrheiten

Sicherheit (gedankliches Konstrukt) = Verstand / EGO (Persönlichkeit) → Kapital / Erfahrung → Wahrheiten

Solidarität (gesellschaftliches Konstrukt) = Kapital / Verstand / EGO → Erfahrung → Wahrheiten

Spaß (gedankliches Konstrukt) = Kapital / Verstand / EGO / niedere geistige Natur → Erfahrung → Wahrheiten ... (kleine Kinder vermögen zwischen Freude und Spaß ggf. noch nicht so recht zu unterscheiden / Spaß ist eine Art Gefühl, hervorgerufen durch ein Konstrukt aus Gedanken und kostet den Erwachsenen immer - einen voran gegangenen Gedanken, an welchem der Wert des Spaßes schließlich bemessen werden kann)

Stadt (gesellschaftliches Konstrukt) = Verstand / EGO → Kapital / Erfahrung → Wahrheiten

Stille = siehe Ruhe

Stolz (gedankliches Konstrukt) = Verstand / EGO (Persönlichkeit) / Kapital → Erfahrung → Wahrheiten

Sympathie = Empfindung / Verstand → Erfahrung → Wahrheiten

T

Teamgeist (gedankliches Konstrukt) = Verstand / EGO (Persönlichkeit) / Kapital → Erfahrung → Wahrheiten

Technik (gedankliches Konstrukt) = Verstand / Denkvermögen → Kapital / Erfahrung → Wahrheiten

Technik (Maschine) = Kapital

Treue (natürlicher Ursprung) = Kapital / Verstand / Selbstliebe / bedingungslose Liebe → Erfahrung → Wahrheiten

Treue (gedankliches Konstrukt) = Verstand / EGO (Persönlichkeit) → Erfahrung → Wahrheiten

Toleranz (natürlicher Ursprung) = bedingungslose Liebe / Mitgefühl → Erfahrung → Wahrheiten

Toleranz (gedankliches Konstrukt) = Verstand / EGO (Persönlichkeit) → Erfahrung → Wahrheiten

Tod (als gedankliches Konstrukt) = Verstand / EGO → niedere geistige Natur → Bewusstsein → Wahrheiten

Tod (als Wert des Übergangs und damit Teil des Lebens) = Wahrheiten / Erfahrung → Bewusstsein

U

UFFEO **(unconditional-freedom-for-each-other, zu deutsch = bedingungslose-freiHEIT-für-einander)**
(als gesellschaftliches Konstrukt) = Verstand / EGO (Persönlichkeit) → Kapital / Erfahrung → Wahrheiten / bedingungslose Liebe
UFFEO **(unconditional-freedom-for-each-other, zu deutsch = bedingungslose-freiHEIT-für-einander)**
(von Natur aus gegeben, siehe Kleinkinder) = Kapital / Wahrheiten / BEWUSST SEIN / Erleuchtung / freiHEIT / gesundHEIT / bedingungslose Liebe → Verstand / EGO (Persönlichkeit) → Kapital / Erfahrung → Wahrheiten / bedingungslose Liebe (und dann – bestenfalls wieder zurück zur UFFEO, die von Natur aus gegeben ist ;)
Umweltschutz (als gesellschaftliches Konstrukt) = Verstand / EGO (Persönlichkeit) → Kapital / Erfahrung → Wahrheiten
Unabhängigkeit = freiHEIT / Kapital → Erfahrung → Wahrheiten
Unbestechlichkeit = Kapital / freiHEIT → Erfahrung → Wahrheiten
Unterscheidungsvermögen = Verstand / Logik / Denkvermögen → Kapital / Erfahrung / Selbstliebe → Wahrheiten

V

Veränderung = Erfahrung → Wahrheiten
Vertrauen = Selbstliebe / bedingungslose Liebe → Erfahrung → Wahrheiten
Verantwortung = Selbstliebe / Kapital / freiHEIT / bedingungslose Liebe / Verstand → Erfahrung → Wahrheiten
Verzicht = Kapital → gesundHEIT / ZEIT / freiHEIT / SELBST-LIEBE / Erfahrung → Wahrheiten / GLÜCK-seeligkeit / Weisheit / Magie / Kraft
Vorstellungskraft = Kapital → Erfahrung → Verstand / Wahrheiten
Vergebung = Kapital / freiHEIT / Verstand / Wille / bedingungslose Liebe / Mitgefühl → Erfahrung → gesundHEIT / Herz-Intelligenz / Wahrheiten / Magie
Verbundenheit = Kapital / Wahrheit / Mitgefühl / bedingungslose Liebe → Erfahrung / Wahrheiten / Empfindung

W

Wachsamkeit = Kapital / Achtsamkeit → Erfahrung → Wahrheiten
Weitsichtigkeit = Kapital / Denkvermögen → Erfahrung → Wahrheiten
Wissen = Kapital / Wahrheiten → Weisheit / BEWUSST SEIN
Wahrheit = Kapital → Weisheit / BEWUSST SEIN
Weisheit = Kapital / Wahrheiten → BEWUSST SEIN
Würde = Kapital / Verstand / EGO → Erfahrung → Wahrheiten

X - Y

Yunasai (Zentrum allen Seins / geistiges Konstrukt) = BEWUSST SEIN / bedingungslose Liebe / Magie / Verstand / Wahrheit(en)

Z

Zielstrebigkeit = Kapital / WILLE / Verstand / SELBSTLIEBE / bedingungslose Liebe → Erfahrung → Wahrheiten

Zugehörigkeit = Wahrheit / Verstand / bedingungslose Liebe → Erfahrung → Wahrheiten

Zuneigung = Kapital / Empfindung / bedingungslose Liebe / Verstand → Erfahrung → Wahrheiten

FAZIT zum WERTE - ABC :

Für das eigene EGO des Autoren, wäre es zwar wirklich „wundervoll" – für den Menschen hinter diesem Schreiberling, ist es allerdings „weniger" wichtig ... ob die Zuordnung all jener im „WERTE - ABC" zugewiesenen WERTE, den Ansichten eines jeden Menschen & - Kindes, immerzu & überall entsprechen bzw. für die gesamte „gesellschaftliche Welt" einen größeren Sinn ergibt.

... sondern vielmehr : dass sich möglichst viele wenn nicht sogar alle Menschen – an jedem Ort in diesem gesellschaftlich-weltlichen Dasein wie im wahren Leben selbst, Gedanken darüber machen oder wenigstens zu machen beginnen, wie eine vernünftige Zuordnung gewisser WERTE für das eigene LEBEN ... also :für sich selbst und für alle anderen in freiHEIT oder Gefangenschaft lebenden Menschen & - Kinder ... konkret aussehen könnte und unter Umständen – vielleicht sogar sollte.

Insbesondere : auf welchen **EINEN WERT** – sich die gesamte Menschen-Familie **verbindlich & ehrenhaft** zu einigen vermag, um miteinander schlussendlich, wahrhaftig & überall **in freiHEIT & Frieden leben zu können** ... und dies – selbst noch in ferner Zukunft ebenfalls ... zu dürfen.

Wieso ABER – sollte man sich in einer so „großen" Sache wie dieser, auf lediglich einen wichtigen WERT einigen, wenn es ... insbesondere im gesellschaftlich-weltlichen Dasein ... doch so viele wunderbare WERTE & IDEEN zu geben scheint ?

... weil : je mehr variable Größen es in einer Gleichung gibt, desto komplizierter wird sich logischerweise auch jede damit einher gehende Lösungsfindung gestalten, ganz speziell – in eher problematischen Situationen u/o Konflikten.

Für den Autoren jedenfalls – steht dieser WERT bereits fest und lautet :

„UFFEO"
=
UNCONDITIONAL FREEDOM FOR EACH OTHER

Wie ein Zusammenleben mit UFFEO genau aussehen sollte, dürfte & müsste, kann anhand diverser Pilot-Projekte wie beispielsweise „**SYLC - City**" .. lies hierzu gerne das GLOSSAR dieses Werkes ... in Erfahrung gebracht werden.

40

666   Das „Zeichen" des Tieres

Laut **WERTE - Philosophie** der **SYLC 369 Matrix** ... wird unter „dem Zeichen des Tieres" folgendes verstanden : die vollkommene Versklavung des Menschen & - Kindes, mit Hilfe einer „eigenen" - aber ebenso fremdgesteuerten PERSÖNLICHKEIT & einer damit zwangsläufig einhergehenden Reduzierung des Menschen, auf dessen physischen – und mental-emotionalen Körper.

... womit das wahre Potential aller „geistig" schlummernden Fähigkeiten eines nahezu lediglich auf die Materie reduzierten Menschen ... sprich : dessen Empfindungen, „Geistesblitze", Intuition, bedingungslose Liebe und selbst – dessen Gedanken & Gefühle ... etc. ... wohl nicht länger dieselben wären.

... und all dies – könnte traurigerweise bloß zustande kommen, weil : einige Menschenkinder **doch tatsächlich glauben** : es würde im gesellschaftlich-weltlichen Dasein wie im wahren Leben, völlig ausreichen – einfach ein „guter Mensch" zu sein. Indem verrückterweise sogar **die Kontrolle über die eigene freiHEIT"** lieber anderen überlassen wird, während man selbst HALT darauf hofft, dass alles – bestimmt zum Besten „aller" Beteiligten geschehen wird.

... vielleicht ja - damit ein solches „Menschlein", **aktiv** – weiterhin rein GAR NICHHTS für das SELBSTWOHL machen muss & stattdessen lieber allen IDEEN & mentalen Auswüchsen folgt, die ihm von gesellschaftlich-weltlich „anerkannten" PERSÖNLICHKEITEN & PERSONEN (Unternehmungen), Tag ein Tag aus im TV, Internet u/o von einer AI (KI) ... vorgegebenen werden ?

Sind GLAUBE & WISSEN denn wirklich dasselbe ?

Nun, die in Kürze auf alle „Menschen" gleichermaßen zurollende „Technik-Welle" bzw. die praktische Umsetzung der „VIERTEN INDUSTRIELLEN REVOLUTION" wird uns ganz bestimmt zeigen, inwieweit & ob der **Mensch als Individuum** weiterhin lebensfähig ... sein wird ?

Glücklicherweise – können viele Menschen-Kinder, ja schon JETZT auf WERTE-Modelle ... wie die **SYLC 369 Matrix** ... zurück greifen, um die menschliche Würde wie die freiHEIT eines jeden MENSCHEN, mit Hilfe eigens **vor-gelebter WERTE**, vielleicht ja doch irgendwie erhalten bzw. retten ... zu WOLLEN ?

HOPE

999   Das Zeichen freier Menschen

Viele, wenn nicht sogar – alle Menschen-Kinder, kennen dieses Zeichen bereits. Selbst wenn sie sich dessen … vielleicht in zum Beispiel : einem Moment der großen Hast bzw. des Stresses … einmal nicht „so bewusst" sein sollten.

Doch – es ist, wie es ist … und des Rätsels Lösung lautet – natürlich : **dein Lächeln**, insofern – es aus der Mitte deines Herzens entspringt.   ;)

…

„Um großartig zu sein,

muss man nicht verrückt sein,

ABER

es hilft definitiv."

…

Percy Wells Cerutty

(1964 „Middle-distance running")

… 999 = 9 + 9 + 9 = 27 = 2 + 7 = **9**
…   99 = 9 + 9 = 18 = 1 + 8 = **9**
…   9 = **9**

… 666 = 6 + 6 + 6 = 18 = 1 + 8 = **9**
…   66 = 6 + 6 = 12 = 1 + 2 = **3**
…   6 = **6**

Mathe kann so manches Mal, ja schon interessant sein – nicht wahr ?

1001   Schlusswort

In der Hoffnung, dass der Autor in diesem Schriftstück mehr als ausreichend viele wie gute & sinnstiftende Gründe, Motivationshilfen & rosige Aussichten zusammen zu tragen vermochte, wünscht der Mensch hinter dieser PERSÖNLICHKEIT allen Lesern von ganzem Herzen : viel Freude beim Studieren, Planen und Ausrichten des eigenen - bzw. unseres Lebens.

... selbst – falls einige jener in diesem Werk präsentierten Aussichten, für manche Menschen-Geister evtl. etwas zu „rosig" ausgefallen sein mögen.   ;)

Doch – wie heißt es so schön :

„Der Zweck heiligt die Mittel."

Machiavelli
(1531 / „Discorsi")

Zum Abschluss – aber noch einmal kurz zur Erinnerung : vermeide bitte jeglichen blinden Glauben und überprüfe alles, also wirklich ALLES selbst & eigenständig auf den darin enthaltenen Wahrheitsgehalt (DYOR).

Vielen lieben Dank ... für deinen geistigen - wie praktischen Einsatz.

... daher sei auch du von ganzem Herzen großzügig gesegnet – mit vollkommener gesundHEIT & absoluter freiHEIT, großer Fülle, Wohlstand & Reichtum, BEWUSST SEIN & Erleuchtung, bedingungsloser - & SELBST - LIEBE, Kraft & Magie auf allen Ebenen & in jedem Aspekt
deines Lebens, genau so oder sogar noch viel besser –
mögest du all dies & mehr, wie von dir
selbst gewünscht ... zu jeder Zeit
& an jedem Ort ... vorfinden.

Vielen Dank.

DADAL

1   Das SYLC 369 PROJEKT : JETZT & in Zukunft

1.1   Die Buchreihe : SYLC 369 Matrix

… im Sinne des Erfinders wird die Buchreihe „**SYLC 369 MATRIX**", durch den Menschen hinter dem Autoren „DADAL" oder gegebenenfalls unter einem daraus abgeleiteten Pseudonym, auch künftig weiter geführt werden.

Und das – selbstverständlich wieder mit vielen interessanten wie dem aktuellen Zeitgeist entsprechenden Beiträgen, in Bezug auf alle möglichen sinnstiftende „WERTE-Welten" und natürlich – zur ominösen „MATRIX"-Thematik.

Aller Voraussicht nach werden Inhalte aus dem WERTE-Kompass / Version : S, gewissermaßen als Basis für zukünftige Werke dienen und daher teilweise, in diese mit einfließen.

… damit der wissensdurstige Leser – zum Stöbern, Lernen und Nachschlagen, die „wichtigsten Informationen" eben immer direkt zur Hand hat und nicht noch woanders, aufwendig danach suchen müsste.

1.2 SYLC 369 – Gemeinschaft

... sollte sich ein Mensch von ganzem Herzen & aus freien Stücken (= freier WILLE), einer bereits bestehenden SYLC - Gemeinschaft zuordnen wollen, wäre es schön – wenn eine solche WILLENS-BEKUNDUNG, von dem dafür zuständigen „Menschen-Rat" stets ernsthaft überprüft werden würde.

Für gewöhnlich reift dieser Wunsch – in vielen jüngeren Menschen-Kindern nämlich relativ schnell heran, zumindest sobald sie für sich einmal erkannt haben, dass der lebenswert : „UFFEO" als ultimativer GRUNDWERT für einen SELBST wie für alle anderen Menschen – also : für unser aller Leben ... von all jenen ja bloß stellvertretend für alle „erwachten" Menschen regierenden PERSONEN & PERSÖNLCIHKEITEN ... vielleicht besser SOFORT als leider – viel zu spät eingefordert werden sollte. Und das : natürlich ... weltweit ?

... damit dieses Geburtsrecht aller Menschen erstmals & für alle Zeit – jedem würdigen Menschen zugestanden & rechtswirksam manifestiert werden kann.

LEDIGLICH – um diesem bedeutungsvollen Anliegen noch etwas mehr Durchschlagskraft zu verleihen, könnten alle füreinander einstehenden Menschen-Kinder beispielsweise über diesen ja mehr als nur irgendwie besonderen lebenswert : „UFFEO" ... überall zu sprechen beginnen.

... ebenso könnte es in diesem Zusammenhang überaus hilfreich sein, wenn – der Begriff „UFFEO" für alle Menschen & - Kinder gut sichtbar wäre, indem der cigene „Resitz" & das Eigentum ... wie das eigene Auto & die eigene Immobilie usw. ... dementsprechend gekennzeichnet werden könnte ?

Gerade auf diesem Wege – würden alle nämlich klar & deutlich erkennen können, wie viele **UFFEO-liebende** - bzw. **freiHEITs-liebende Menschen & - Kinder**, es ... evtl. zum großen Erstaunen anderer ... tatsächlich gibt !!!

Denn wer weiß – vielleicht haben manche dieser sich im näheren Umfeld befindenden Menschen-Kinder, das eigene Leben ja ebenfalls schon auf **UFFEO** und den ein oder anderen WERT & lebenswert der **SYLC 369 Matrix** ausgerichtet.

... und geben also ebenso ihr Bestes, auf Basis reiner Nächstenliebe & SELBSTLIEBE zu handeln. Um sowohl die eigene – wie auch die freiHEIT ihrer Mitmenschen ... z.B. vor dem Missbrauch und den hochintelligenten Angriffen skrupelloser Geschäftemacher ... zu schützen. Nur, hatte man all dies vor der „Sichtbarkeit" des **öffenlichen Gutes** : „UFFEO" – eben einfach nicht gewusst.

Inwieweit ein Mensch allerdings ständig einer eigenständigen - u/o höheren Jurisdiktion wie dem **Naturrecht** untersteht ... also : NICHT weiter dem See - und Handelsrecht oder anderen ausschließlich für PERSONEN geltende Jurisdiktionen, unterworfen ist – weil : sich dieser Mensch nicht länger mit der extra für ihn erschaffenen PERSON (= Vorname + Familienname) identifiziert und infolgedessen – quasi „frei" wäre, ist & bleibt wie es einem rechtschaffenen Menschen letzten Endes ja gebührt ... liegt allein in der Verantwortung bzw. im Ermessen des einzelnen Menschen als Individuum, eigenständig heraus zu finden.

Selbst – falls dieser unentwegt der „Willkür" eines ... laut den „Römischen Statuten", dann wohl keineswegs für länger den Menschenrechten unterstehenden ... (Schieds-)Gerichtes unterworfen wäre.

In Ländern mit einer rechtsstaatlich waltenden Regierung, dürfe jede SYLC–Gemeinschaft ... die auf der Grundlage von UFFEO – für Verbesserungen im Sinne der „Menschen als Individuen" einsteht und WERTE wie diese; ausschließlich „**fiktiv**" verträte ... wohl stets willkommen sein ? Denn ...

...

Nur

in der Fiktion

darf sich ein Mensch

ganz offensichtlich noch

an vielen Orten

scheinbar

so

einiges erlauben.

...

1.3 SYLC 369 CITY

... so oder so ähnlich – könnte beispielsweise der Name jener Stadt lauten, die zuerst im Geiste aller daran beteiligten Menschen & - Kinder entsteht, bevor dieses geistige Konstrukt durch die geballte WILLENSKRAFT einer großen oder kleinen Menschen-Familie – schließlich in die Realität gezogen & damit zur Wirklichkeit wird ... & wird & wird.

... an welchem Ort – für ausnahmslos jeden Menschen, seiner Natur & Art entsprechend, ein Leben nach den WERTEN & lebenswertEn der **SYLC 369 Matrix** ... insbesondere des lebenswertEs : UFFEO ... möglich sein sollte.

... also ebenso, für gegebenenfalls etwas von der „Norm" abweichende Menschen-Kinder & PERSÖNLCIHKEITEN, insofern für diese ... wie für beispielsweise all jene, die 24/7/365 unbedingt in aller Öffentlichkeit, ihrer überaus „lauten" Lebensweise u/o „Party-Kultur" etc. nachkommen wollen ... noch ausreichend räumlicher „Platz" zur Verfügung stehen sollte ?

Gerade zu Anfang – könnte sich eine solche „**SYLC 369 CITY**", ja aus vielen kleineren Territorien langsam aber sicher zu einem großen Ganzen zusammen fügen. Also : noch lange bevor dieses Projekt – für alle anderen Menschen & - Kinder, evtl. eindeutig als ein gut miteinander vernetzter & harmonisch aufeinander abgestimmter Lebensraum ... erkennbar ist.

Grundsätzlich sollte es allerdings keine große Rolle spielen ob sich ein solches Gebilde zuerst regional (zentral) oder weltweit (dezentral) etablieren würde ... weil : ja grundsätzlich ALLES, ganz besonders von der geistigen Einstellung & - **Entwicklung** seiner „Bewohner" abhängig sein wird.

... mit dieser VISION im Hinterkopf – könnten sich zu Anfang bestenfalls sogar direkt 3 relativ deutlich voneinander unterscheidende „**SYLC 369 Gemeinschaften**" als dementsprechende „Pilotprojekte" heraus kristallisieren.

... wie beispielsweise : ... **SYLC 369 NATURE** – um einen Ort auf Basis eines ausschließlich auf die Natur ausgerichteten Lebens zu etablieren.

... und : ... **SYLC 369 AI** – um der aller „neuesten" Technik ebenfalls eine Chance zu geben, ihren Beitrag im Leben der Menschen zu leisten.

... und nicht zuletzt : ... **SYLC 369 NATURE-TECH** – um einen Ort auf Grundlage der besten Errungenschaften aus Natur & Technik, für den Menschen ins Leben rufen zu dürfen.

Darüber hinaus könnten jene „SYLC 369 Gemeinschaften" evtl. sogar auf unterschiedlichen Gesellschaftsformen basieren, wie z.B. der altbekannten monarchischen -, demokratischen -, sozialistischen -, libertären -, republikanischen Regierungsform mittels eines Staates, einer Anarchie ,,, aber eben auch Regierungs- bzw. gesellschaftliche Verwaltungs-Formen, mit sehr viel moderneren Denk-Ansätzen, wie z.B. der Privatrechts-Ordnung (siehe hierzu z.B. das Werk „Sicher ohne Staat" des Autoren : Oliver Janich) ... usw.

... weitere Infos zu allen „fiktiven Projekten", die ausschließlich auf der IDEE von **SYLC 369 Matrix** & **UFFEO** beruhen, findest du in weiteren Veröffentlichungen und selbstverständlich NICHT im WEB wie Spinnennetz, sondern vielmehr ... im NET wie Netzwerk. ;)

1.4   SYLC 369 MATRIX & Social Media :

in allen wirklich relevanten Medien – vertreten … !!!

SYLC369.COM

DEINE

Brand <u>für</u> **freiHEIT** <u>weltweit</u>

da sich die Botschaft von **freiSEIN & UFFEO**, über

den Weg der Klamotte

eben

einfach & stets kunstvoll

in die Außenwelt transportieren lässt

&

das **SYLC 369 Projekt**

wie die **WERTE - Philosophie**

der **SYLC 369 Matrix** so gefördert wird.

Zudem werden auf dieser oder ähnlichen digitalen Plattformen <u>nach</u> <u>Möglichkeit</u> auch weiterführende Informationen präsentiert ... wie z.B. ein zusätzlicher **<u>Download - LINK für die „SYLC 369 Grafik"</u>** ... falls der QR-Code auf der Seite ganz am Anfang dieses Schriftstückes, eventuell nicht mehr funktionieren sollte ... etc.

2   Der **Mensch** - als gestaltendes Lebewesen

In ausnahmslos jeder sinnstiftenden Konversation – ist es ... laut **WERTE -
Philosophie** der **SYLC 369 Matrix** ... stets von aller größter Wichtigkeit,
dass : alle WERTE über die gerade gesprochen wird, von allen daran
beteiligten Menschen & - Kindern, „richtig" verstanden ... und auf Wunsch bzw.
nach Möglichkeit, noch etwas genauer erklärt u/o definiert ... werden.

... damit ein angemessener wie dem Menschen würdiger Gedankenaustausch,
eben tatsächlich statt finden kann – ist es zudem unbedingt erforderlich : das
eigene Denkvermögen ... insbesondere **das Unterscheidungsvermögen** in
Bezug auf die Selbstwahrnehmung & Fremdwahrnehmung ... eigenständig zu
entwickeln und natürlich – weiterhin zu „schärfen".

In diesem Sinne – **WER** oder **WAS** also, ist der Mensch ... laut **WERTE -
Philosophie** der **SYLC 369 Matrix** ... in dem ihm gegebenen Leben auf Erden
wie im „künstlich" erschaffenen gesellschaftlich-weltlichen Dasein ... denn
wirklich ???

... UND, WER oder WAS könnte ein menschliches Lebewesen, demzufolge
keinesfalls ... sein u/o werden ???

Nun – in all den verschiedenen philosophischen Lehren, Kulturen u/o
Gesellschaftsformen, gibt es (in Anlehnung an J. W. v. Goethe) zur Thematik :
Was den Kern eines Menschen wirklich ausmacht ?, wohl ebenso viele sich
„hier & dort" total voneinander unterscheidende wie erstklassig ergänzende
Ansichten, Meinungen und Standpunkte.

... und dies sogar – mit Recht, da in den aller meisten Ländern und somit, an
sehr vielen Orten dieser Erde ... in Anlehnung an ein altes deutschsprachiges
Volkslied ... zumindest das Credo vorherrschend ist, dass : die Gedanken
eines jeden Menschen ja grundsätzlich frei seien ... nicht wahr ?

Mensch + / – PERSÖNLICHKEIT + / – PERSON = ???

Um jetzt aber KEINE weitere IDEE von dem – **WAS** genau der Mensch ist bzw.
mit **WEM** oder **WAS** dieser sich keinesfalls identifizieren sollte und **WARUM** –
all dies so sein könnte, in den Raum zu werfen ... vermag der aufmerksame
Leser, in gerade diesem Werk – sowohl mögliche Antworten auf diese - &
andere Fragen zu finden.

… wie z.B. auf die Frage, nach dem … **WIE** ? … gewisse Dinge, verstanden werden bzw. einen größeren Sinn ergeben könnten.

… und in den nachfolgenden Kapiteln – zum Teil sogar **WOFÜR** einem Menschen & - Kind die ihm gegebene PERSON und die von ihm selbst erschaffene PERSÖNLICHKEIT, **als Werkzeug** … sprich : als aktive Entwicklungs-Möglichkeit … im eigenen :

SYLC 369 L i f e

… so alles dienlich sein könnten.   ;)

8   NPC = NON-PLAYER-CHARAKTER

... laut **WERTE - Philosophie** der **SYLC 369 Matrix** ... können manche PERSÖNLICHKEITEN & PERSONEN im gesellschaftlich-weltlichen „Leben", erschreckenderweise sehr große Ähnlichkeiten mit sogenannten **NPC´s** aufweisen, d.h. diese gleichen – einer fiktiven Figur aus dem Gaming, die in einem Video-Spiel einen ganz bestimmten Zweck erfüllt.

... wie zum Beispiel : der immer gleich aussehende -, immer gut gelaunte - und sich immer gleich verhaltende Barkeeper eines Restaurants, der dabei rein äußerlich betrachtet zwar menschlich wirkt ... es aber keinesfalls ist !!!

... da einem solchen NPC – hierfür eben einfach die einem wahren Menschen innewohnenden Eigenarten fehlen, die da beispielsweise wären :

- das **Mitgefühl** eines Menschen – als Form der Empfindung
- ein „leises" **Lächeln** von ganzem Herzen – worüber selbst dessen Augen zu funkeln beginnen,
- das stetige „**Bewusstsein für die freiHEIT** – als Grundlage des Lebens", für sich selbst wie für alle anderen Mitmenschen in gleichem Maße
- die **Dankbarkeit** eines Menschen – als Grundlage des Teilens
- die **Vergebung** in Form des Weinens eines Menschen-Kindes
- das **Denkvermögen**, als Teil des eigenen Erkenntnisweges
- das **eigene Streben**, in Richtung „höhere geistige NATUR"

Was aber wäre – falls ein Menschenkind seine PERSÖNLCIHKEIT nicht länger selbst führen, sondern von dieser sogar einem NPC gleichenden PERSÖNLCIHKEIT ... beherrscht werden würde ?

<u>1005   weiterführende Werke</u>

… siehe diesbezüglich gerne im vorderen Teil dieses Werkes nach, genauer gesagt – im Kapitel „Leitfaden" (Seite 10) & ebenso gerne – auf der Internet-Seite des Verlegers.

Vielen Dank – für dein Interesse.   ;)

FSC
www.fsc.org
MIX
Papier | Fördert
gute Waldnutzung
FSC® C083411

Zeitfracht Medien GmbH
Ferdinand-Jühlke-Straße 7
99095 Erfurt, Deutschland
produktsicherheit@kolibri360.de